Scratch

RAMÓN HONDAL

Scratch

bokeh ✳

© Ramón Hondal, 2019

© Fotografía de cubierta: W Pérez Cino, 2019

© Bokeh, 2019

Leiden, NEDERLAND
www.bokehpress.com

ISBN 978-94-91515-99-6

Cara B

Se levanta el brazo

Cara A

Uno

Da vueltas, luego se hace la música
En lo viejo de dos con la mirada en el sonido
Dar vueltas. Dan vueltas.

Dar vueltas en el disco
Dan vueltas en la calle
Dos sitios y uno entre la calle y el disco
Dos y uno.

BUSCAR EL APARATO
¿Dónde el APARATO?
Preguntar
Dos preguntan y uno queda
BUSCAR EL APARATO
Preguntar.

El aparato gira y dos giran
Y el sonido es el desuso
Donde la calle y el disco en desuso
BUSCAR EL APARATO.

Aparece. Desaparece.

El sonido queda aparte
En el uso y en el desuso
Dos lenguajes donde uno
Y una música que aparece
Desaparece.

A partir de una escupida

❧

Alguien escupe la tierra, y antes que el escupitajo se seque por el calor del sol, un niño tendrá que correr y llevar un viaje a cabo.

❧

En este salón no hay quien escupa la tierra para crear un punto de partida. No hay medida de lo que debe hacerse para poder ser antes del silencio del riff.

❧

Se derrite la baba, se deshace la orden, y ese hundimiento de la escupida en la tierra cubierta por el sol destruye el viaje.

❧

El sol es el enemigo. Como la tierra que traga. Reloj de arena, el escupitajo es solo lo que atraviesa ese punto en la tierra.

❧

La mirada atraviesa el salón lleno de mesas y personas que beben chocolate. Frío el escupitajo. Caliente el suelo. Se miran y nadie escupe.

No hay en el salón quien de una orden para un viaje con algún escupitajo como punto de partida. Solo miradas que van de una mesa a otra mesa.

∾

Ruido de máquinas. La presión de las miradas, miradas sin escupitajos. No hay marcas secas en el suelo. No las habrá. Desde cada mesa la ausencia de alguien que escupa.

∾

El niño arranca a correr. Más allá del premio está el viaje. Alguien debe ser entre el desprendimiento de la baba desde la boca, hasta el último vestigio de humedad en la tierra.

∾

El que espera por el signo está sentado, y puede lanzar su propio escupitajo, uno tras otro. Mira, pero solo la mirada atraviesa el salón.

∾

El que no corre al lado del niño mira cada zapato quieto debajo de la mesa, sus formas. Estos zapatos no correrían al menor contacto del escupitajo con el suelo. Son zapatos que escupen, no que corren.

∾

Cada mesa distanciada. Estos no son zapatos para correr.

❧

Atraviesa el salón el niño que corre. El viaje es la carrera hacía el escupitajo, ese punto de partida se seca. La carrera quedó pegada a una baba con chocolate.

Dos

Los discos son planos que giran
Sin el aparato giran
En la mirada giran.

Contrarios
Hay discos y no lo que toca
Empezar por el disco
No por lo que toca
Discos
Discos por girar
Planos de una ciudad en ellos
Discos con sonido guardado.

El aparato para girar
El sonido en la vuelta
La huella que dice su pasado
Puesto en ese plano
Y no hay música posible
Sin giro.

La Casa Haneke

cs

Una casa, estoy mirando una casa. Dos hablan.

La casa que estoy mirando, la de una película, es a su vez la grabación de alguien desde fuera de la casa, en la película. Estoy mirando la grabación de una grabación, y en ese momento los actores están haciendo lo mismo que yo. Miramos la grabación.

¿Cual es la diferencia entre ellos y yo? No es mi casa la que ha sido filmada desde afuera, no me han espiado a mí. Estoy a salvo, y eso es mucho. Pero, ¿a salvo de qué? ¿Acaso no puedo ser ellos? ¿No es la casa el lugar protector? Si es así ¿por qué me parece ser tan terrible esta filmación desde afuera?

cs

Se entra al cine Charles Chaplin. Curiosamente no se entra a ver una película, ni siquiera un documental. Se entra a ver un concierto, y ni siquiera a uno con músicos de carne y hueso, sino un concierto grabado. No es un concierto reciente para colmo, es un viejo concierto de 1982.

¿Y qué diferencia habría entre un concierto y otro? ¿La muerte, tal vez?

Queen toca para los pocos que hay en la sala. Digamos que hay cerca de 40 personas, casi todas con edades superiores a los 45 años. Se viene más que a ver a Queen, a encontrarse con lo que no pudo ser.

∽

Las casas son blancas, ordenadas, cada cosa ocupa un lugar exacto dentro de un conjunto que se vería afectado con solo mover algo pequeño.

Caché. Michael Haneke.

Ya vimos la primera toma. La vista exterior de una casa grabada. Fija, eterna toma, donde esperamos que algo suceda y fijamos nuestra atención en cada movimiento de la calle, en cada persona que pasa, en todo lo que se mueve buscamos una explicación a esa larga y angustiosa escena. Y cuando finalmente hablan, buscamos respuesta a esa escena fija en lo poco que dicen, aun sin entender nada porque se oyen las voces pero no los rostros.

∽

Aquí pasó algo. Con estos rostros.
No quiero juzgar.
Si juzgo me pierdo el algo.
Esto.

∽

Alguien filma oculto desde no sé sabe donde. Al salir el actor a la calle, vemos, junto a él, que no hay lugar posible para esa filmación.

La casa ha sido violentada desde afuera, pero desde un no-lugar. El matrimonio se desespera, junto con nosotros, por dar una respuesta.

꩜

Se siente lo mismo que frente a esa cámara de Haneke (que es la de Haneke y no es la de Haneke, es la de alguien que en la película de Haneke filma). Se siente como si este concierto de Queen fuera una trampa que se ha montado. Una trampa parecida a la de Haneke.

Se está en el concierto de Queen. Se oye alto, claro. Se ve mejor que si uno hubiera estado en el concierto. Las tomas del rostro sudado y hermoso de Mercury, un rostro inmenso de cuatro o cinco metros, son tan cercanas que se pueden ver las gotas de sudor. Las gotas de sudor de un muerto. Lo que uno no puede ver a los 100 o 200 metros, si hubiera estado en el concierto, se ve en este cine claramente, sentados en una butaca, solos, tranquilamente solos, sin sudor, sin gritos, y casi sin pagar.

꩜

Las casas son defensas contra el mundo.

Pero en este caso alguien, aun sin ver dentro de la casa, y solo mostrando su fachada, ha violado la privacidad para dejar claro que la privacidad es mentirosa.

Pareciera que las paredes son traspasadas por la filmación porque la familia se siente desnuda. Pero, ¿por qué temer? ¿La familia esconde algo? ¿Escondemos algo nosotros?

Todos pensamos que sí, solo para darle valor a nuestra imperceptible vida. Como en este cine pensamos en un sí para no negarnos.

꩜

Pero no se estuvo en el concierto de Queen. No. Ninguno de los que está en esta sala estuvo en un concierto de Queen

ni en los setenta y mucho menos en los ochenta. De ahí que algunos de los presentes griten ante un solo de la voz de Mercury, ante uno de la guitarra de May.
Pero alguien está filmando. Haneke está filmando.
Gritan. Se dicen cosas. Se aplaude al final de cada tema. La gente, sobre todo los que tienen más de 45 años, están emocionados. En este momento, se sienten unidos a Queen. Están unidos por la carencia, por una pasión extirpada, que llega ahora, de forma simulada, demasiado tarde, una carencia extirpada por el mismo que nos filma.

*

Pero no quiero juzgar.
Aquí pasó algo. En esos rostros.
Si juzgo me pierdo el algo.
Esto.

*

El matrimonio come. Se angustian porque esperan al hijo que no llega. Afuera hay uno con una cámara que está observando. Pero, ¿el peligro es alguien obsesionado que filma afuera? ¿Está afuera el peligro?
El hombre hace preguntas a su mujer sobre cómo vino el video. Quiere saber más. Detalles. Duda de su mujer. Ella se indigna. Pelean.
El hijo llega. Todo pasa. Silencio para que el hijo no sepa. Otro muro. La tensión se vuelca en los protegidos por la casa. La guerra ahora está dentro de la casa. Se ha trasladado de afuera hacia adentro. La violencia de afuera hacia adentro. La violencia de un adentro protegido a un afuera expuesto.

Al entrar al cine, pensaba que habían muchos locos. De hecho, sentí algo de miedo y dolor. No a los locos, sino a serlo yo también. ¡Por algo estaba aquí para ver a Queen! No. Alguien debe estar filmando esto. Haneke. Es más fuerte el grito, el aplauso y los rostros de los presentes en esta sala de cine, que el canto de Mercury. No puedo ver a Mercury. Solo miro y escucho las palabras y los gestos de los que se mueven al ritmo de la música de Queen en sus asientos.

***

Pero no quiero irme.
Quiero quedarme aquí, entre estos rostros que miran fijos a un muerto que canta.
Aquí pasa algo y no quiero juzgar.
Si juzgo me pierdo esto.

***

Pero es para irse. Para salir corriendo de esta sala.
Pero me quedo. Aguanto. Hago exactamente lo mismo que con la película de Haneke, con su imagen inicial, por muy duro que sea se aguanta, por más duro, terrible y extraño que sea todo lo que pasa, uno se queda.

***

Las canciones más famosas son las más aplaudidas, y por eso, siento que cada uno de estos seres mayores de 45 años las espera pensando:

–Por favor, que toquen *Bohemian Rhapsody*.

—Que toquen *Somebody to love*.
—*Love of my life*.
—Esa es *We Will rock you*.

Cada uno tiene su canción preferida. Cada uno la espera. Solo esperan que Queen les toque su canción preferida. Del mismo modo que en el concierto, en el real, en este grabado en 1982, algunos en el publico llevaron grandes pancartas pidiendo sus canciones preferidas. Es lo mismo. Pero no es lo mismo. En los dos sitios están filmando, en el concierto y en esta sala de cine. Solo que aquí nos está filmando Haneke. Yo siento, desde mi solitario asiento al final de la sala, sin nadie tras mi espalda, que nos sigue filmando. Hay alguien en esta sala haciendo de Haneke.

❧

Y la casa filmada (por Haneke o por el que filma desde afuera) sale a la calle. Y la familia está en este cine hoy mirando un concierto de Queen del año 1982 en el 2011. El niño no vino a ver el concierto porque a él no le importa Queen, ni tiene ninguna canción preferida.

❧

Cada ser está tan metido en la pantalla, en el concierto mentiroso de Queen, que no puede ver nada más que las gotas de sudor del rostro de Mercury. No pueden más que escuchar su voz.
Pero nos filman, yo sé que nos están filmando. Porque en algún momento del concierto, mientras yo estaba también concentrado, aunque no tengo más de 45 años, miré hacia al lado, hacia uno de esos seres que cuando entré a la sala taché

de loco, y vi de reojo en la silueta de su rostro tanta emoción por este Mercury muerto y sudado, que perdí el hilo de la música y entré en la realidad de ese rostro en esta sala de cine. Y me di cuenta de que nos estaban filmando.

✑

Cuando salgo noto que sí, había locos en el cine. Dos hablan juntos mientras salen y tararean (mal, locamente) las canciones cantadas por el muerto Mercury sudado.
Me quedo. Miro. Masoquistamente miro. Quiero ver algo en estos seres rotos, sin dientes, sucios, con libretas bajo los brazos, despeinados, hablando de rock. Quiero ver lo que vio el que los estaba filmando adentro, el cámara Haneke. No. No es cierto. Me veo a mi mismo en ellos. Soy uno de estos seres. Y si no lo soy al menos lo soy en potencia. No puedo ser el cámara Haneke. Ya no. Porque en esa filmación que no veré estaré mezclado con los locos, emparejado.

✑

Me voy. Doy media vuelta y me voy, huyendo.
No sé si fui a un concierto de Queen. Si vi las gotas de sudor bajando por el rostro de Mercury. Si seguí el compás de algunas canciones que hasta yo mismo esperaba, que estaba pidiendo.
No dije nada porque no había nadie a mi lado a quien decirle:

—*Somebody to love*, mi canción favorita de Queen.

Pero sé que estoy en la grabación de Haneke mientras lo pensaba callado en mi asiento en cuanto sonó la canción. Por ahí, en alguna toma, estaré.

Tres

Los surcos de los discos, las vueltas. Cuando está en marcha el mecanismo el sonido se vuelve giro, vuelta seca.

No se ve qué tramo abre la aguja en el surco, una delgada línea parece redonda, una y otra vez, estrechándose hacía un centro que no achica el sonido.

La música, como el surco, tiene un principio y un fin en el disco. El surco comienza y acaba con la música.

Allí, entre surco y sonido, una vuelta constante para avanzar y reducir. Por un lado y otro. Una vuelta. Dos vueltas. Dos. Y el tramo se achica.

Piano y sillón

I.

La veo hacer las mismas cosas. Cada año.
Envejece
El ritmo que llevamos juntos
El ritmo de cada uno
Envejecemos
Cae uno encima del otro
Ritmo construido en esa caída.

II.

Miro. De reojo siempre miro ese sillón
Miro al sillón
No veo ese sillón vacío
Se balancea a su ritmo
Su ritmo…

Nunca miro a su ritmo. Siempre de reojo
No sé el ritmo que marcamos juntos
Pero el suyo… no, no lo sé
Tal vez no sabe el mío. Ni de reojo lo ve
Prefiero eso, un empate
Un empate…

III.

Miro. De reojo miro.
Es de noche

Con esa mirada de reojo
Parece que su ritmo, el mío y los dos juntos, se mueven
Parece…
Su ritmo, tan lento
No logro la velocidad para acompañarle
Demasiado lento su ritmo
Más que el mío.

IV.

De reojo miro
No alcanzo. A ese sillón no alcanzo
Se balancea. Suave. Ritmo que nunca logro alcanzar
Es de noche.

Y la mirada de reojo
El piano mueve la letra
El sillón mueve la vista
Entre esa distancia una cadencia
Cada año.

V.

El sillón se mece. El piano se escucha
El sillón ve. El piano escribe
Dos ritmos. Uno
Entre sillón y piano el ritmo. Uno.

La mirada de reojo
Muerte de piano y sillón
Dos ritmos. Uno
El sillón. El piano. Dos. Uno.

VI.

Lo dos de uno
El sillón dentro del piano
La mirada de reojo
Dentro de la letra se escribe el piano, el sillón
El ritmo se pierde
Falta uno. Y dos
De reojo miro
El sillón termina
En un último balanceo indefinido
No veo ese sillón vacío
Miro al sillón, está sentada.

Cuatro

Está el Scratch. El Scratch, ¿qué es?

Se limpia el disco para eliminar el Scratch. No. Se mantiene el Scratch. El Scratch es parte de la música, y tanto se quiere la música, rememorar, como ese Scratch que se cuela desde el surco hasta el oído y hace saltar la aguja que marcha y marcha.

El Scratch es el ruido, lo que interfiere, lo que debería sobrar. Pero no sobra. El Scratch no sobra. Uno. Dos. Uno tras otro. Tres. Cuatro. No sobra.

La vuelta del disco viene con el Scratch. La vuelta del sonido. La música le debe al Scratch, al ruido.

Está el Scratch. Scratch. Aunque se limpia queda el Scratch. Polvo insistente en el surco es el Scratch. Clava su punto de polvo en el punto eléctrico de la aguja y hace su propia música.
El Scratch.

Ascenseur pour l'échafaud

Sonido dentro
En lo plástico y la tripa
Caminan de noche.

Oír atravesando los portales
Las aceras.

Llevar este sonido ajeno a esta ciudad
Andar
Oír
Entre lo plástico y la tripa sonar.

Générique I

Dos
1957. Paris
2010. La Habana
Dos.

1957. Imagen de la película de Louis Malle.
Una cámara en la noche al lado de una mujer que camina
un París en blanco y negro. Los lugares son una mancha
atravesados por la trompeta.

2010. Esa misma trompeta en otra cámara que escribe los
acordes de otra mancha en blanco y negro sin mujer.
La mancha en blanco y negro al escribir sale de la ciudad.

Las calles tienen una trompeta en un oído y desde ahí se revela otra calle. Se hace un nuevo sitio. Se inventa lo que no es. Un espacio que no está, en blanco y negro.

Estas calles no son de París y se insiste en la trompeta, en ese sonido, para otras sombras del blanco y negro. Y en el oído se hace coincidir las sombras de los dos espacios.

Hacer coincidir la trompeta en el trazo
Envolver París y La Habana
Una misma imagen y un mismo sonido de una ciudad en blanco y negro
En el rostro de la mujer
En el oído del caminante que escucha.

En la construcción hace un sitio al sonido
A la imagen
Saca a la calle el acorde para enterrar la letra.

No es un lugar el que se camina, es un sonido y una imagen que se mueven donde las calles se pierden para crear otras ajenas.

En silencio
El blanco y negro es una distante imagen que crece y que es solo acorde distanciado, preciso.
Bloques.

Construcción de una nueva ciudad a partir de este sonido
Nueva piedra, metal, plástico y aire
Después polvo construido de un primer bloque que cae a partir de un soplo.

A partir de una primera nota, el primer soplo, la ciudad de bloques ruinosos en acordes ruinosos busca la ciudad sin sonido
Desde un contén
En blanco y negro.

GÉNÉRIQUE II

Sin acordes. Sin imagen.

Se pierde, se esconde, nadar en los sonidos de una ciudad hecha de escombros que caen.

Una forma de no llegar cuando las notas se dispersan en el primer soplo.

Ascenseur pour l'échafaud muestra una calle desierta en la noche
Y este paso la atraviesa.
No la atraviesa.

Allá suena la trompeta que alude a todo acorde.
La imagen proyectada, la primera de *Générique*, es en blanco y negro. Sonido en blanco y negro.

Pensar en la fotografía del que hubiera visto mejor allí.

De día no se oye.
Pensarlos de día es omitir estos acordes que van al blanco y negro de la noche.

Nuit sur les Champs Elysées

¿Donde los *Champs Elysées*?

Esta ciudad no es la de este sonido. No es la imagen que lo
construyó, no es su ojo, el silencio entre las notas.

Queda el blanco y negro.

Oído de tránsito, velocidad y personas.

Luego el silencio entre nota y nota, abandono y soledad de
la madrugada.
Otra frialdad que le cuesta al ojo y al oído
En una ciudad que aparta y deja afuera al oído del primer
soplo.

Solo el blanco y negro.

Ver el espacio tocado que deja afuera, que borra.
Ciudad a secas, en la razón.

La noche y la soledad de la calle, la velocidad de ida y vuelta,
la carencia de movimiento, todo al borde del contén
Muertos mecánicos.

En el blanco y negro.

Solitarios de paso suave, detenidos y tumbados en las esqui-
nas, con la mirada baja cuando pasan otros ojos.

La ciudad en estos acordes es en blanco y negro

Un conjunto de sombras que vienen de otra ciudad, apenas viva, de otras luces, de otras soledades, todo apartado en una sola calle como muestra de esta que ahora se camina.

Y queda el blanco y negro.

Del cuerpo al soplo que hace con estas notas ese blanco y negro
Y que invade y ocupa el espacio que habita el escrito.
Así esta música.

El movimiento del día y su bulto en las aceras, el griterío, el paso rápido, la velocidad de los autos, no dejan oír este blanco y negro
Y esta ciudad que de día se borra.

CHEZ LE PHOTOGRAPHE DU MOTEL

La ciudad arruinada no está en la foto. Se sustituye la foto por las notas. Y las notas son en blanco y negro. Y se les hace contener estas ruinas.

La luz deja ver los muros caídos, las paredes descascaradas, agrietadas, paisaje donde todo es tambaleante y hueco.

Pero no hay Motel y se construye otro
Siempre sustituir. Calles. Notas. Oído. El blanco y negro. El soplo falseado en el escrito.
La trompeta va por calles que no previó. Se hace otra foto y su efecto en otra imagen, en otra ciudad, en otro blanco y negro, se levanta aquí.

Reinventar otro sonido, otro efecto, otro oído para otro ojo
para descubrir otra trompeta para esta ciudad.

«Otro» sustituye.
La imagen que no es.

Se construye un nuevo edificio a través de esta imagen, de
estas notas.
Los acordes quedan ajenos en la imagen que no es.

Visite du vigile

La ruina en su silencioso desierto aquí tiene vida.
Un bajo sordo, unas escobillas secas, sustituyen a la trompeta.
Sustituir la calle y su blanco y negro.

El sonido de la trompeta es ajeno a nosotros, hombres de la
ruina, de lo que cae y cuelga.

Aparece la caída cuando todos callan y se dejan de mirar,
cuando se borran aparece la trompeta que con el primer
soplo cae.

Solo con la vigilia de esta ciudad se hace la otra
Y esta ruina no llega a la ciudad de Miles.

La ruina ocupa una ciudad y borra la otra, que aquí, no
permite el lujo de estas notas. Solo queda su blanco y negro.

Si se pasa lo ruinoso, y está la trompeta, el sonido se borra.
Ocupa todo la ruina, no es posible oír nada, no es posible
más que la ruina.

Sonido de paso, de auto, de semáforo cuando cambia de luz,
de sombra al borde del contén por ese cambio de luz.

En la ruina, un habitante llega al sonido durante la vigilia de
todos. Habita la ruina pero no le pertenecen estos acordes.
Saca provecho a los recovecos:
Gato negro.

Aquel sale atravesando la calle y el auto le cruza.
Bosteza, su espera y su apetito, lazo fallido con estas notas
Parálisis como velocidad.

Lo que no pertenece a la noche se construye a partir del ojo
escritor.

Noche sin ritmo, y en una cadencia
Inventa su forma.

SUR L'AUTOROUTE

Objeto de velocidad.
Lo vivo de la ciudad en estos acordes. Lo que mueve al objeto.
Lo físico.
La columna a punto de quebrarse bajo el peso.
El polvo disperso. La piedra en disolución. Bolitas negras
que salen de la tierra, metal que se une para deshacerse con
un leve roce.
En eso (ruinas todas, y no una, aislada) un acorde no ejecu-
tado por la trompeta en la velocidad.

No está en el que vaga las calles. Es el auto que pasa, y todo
lo que proyecte. El acorde del objeto fuera del objeto.

No es un ojo o un oído lo que se mueve en la calle, es la
rapidez en un espacio donde el oído queda afuera. Un acorde.
Otro. Todos montados uno sobre otro.

Ningún sitio queda fuera de la velocidad.
No se puede notar nada en la velocidad, no tocar los sonidos
de los acordes.

Siempre a la par de sus objetos la velocidad se ejecuta.

El destierro acerca. Fuera de aquí.
Estos acordes montados destierran. Se elimina la presencia
por este acorde lanzado en zona muerta.

Este sonido de Miles es el destierro dentro de la ciudad
Estar dentro y fuera, un sitio ajeno y sujeto a la trompeta que
se convierte en objeto de ruina.

La calle sin temblor, sin queja.

Reconocer un punto no acerca, punto de ruina que se con-
vierte en acorde.

De ahí ese punto en el oído
De ahí la ausencia en el sonido veloz de Miles
Que ha equivocado todo
Porque en esa velocidad no se oye nada.

L 'ASSASSINAT DE CARALA

Se toca la carne de un cuerpo macizo que se convierte en ceguera, y desde ahí es imposible reconstruir la dura coraza.

Hay un hueco en la carne.

La ciudad parte de ahí, desde ese hueco, y hace de cada objeto su imagen:
Un hueco.

El sonido en una piel ajena
La misma resistencia
Nueva piel que resiste un hueco.

La inercia de la columna aliviada por el hueco en la piel.

Este sonido no relata el golpe que abre el hoyo, lo escucha.
Nace de piedra esta piel que rodea el hueco.

Una nota se estira y lleva a ese lugar, a la piedra atorada en el hueco, a otra piel, a otro.
Lleva un fin cubierto, lleva a caer en el hoyo y a mirar hacia abajo.

DINER AU MOTEL

También dentro de las ruinas. Se invade la idea del blanco y negro del mismo modo que se ha hecho con la ciudad y el sujeto.

En forcejeo los acordes giran

Se crea una imagen
La trompeta se desinfla y se pierde, sostiene la frente en la columna de una ruina en blanco y negro.

Un discurso frente a otro
La boca contra el muro mordiendo la piedra en blanco y negro
Contrarios, uno niega al otro, se bloquean y se aplastan.

La ciudad se invierte y derrite los acordes cuando la boca traga la piedra.

Con el primer soplo de la trompeta traga a la ciudad nocturna, con la luz y la sombra se hace una forma en la memoria que se ve en blanco y lo negro.

Se convierte lo aislado entre los dientes en una nueva palabra, un ruido a partir de un oído.

Hay un dado lanzado a la exploración. La boca traga el primer soplo.
Lo que no se sostenga durante la mordedura de esos acordes
Lo que no se puede incluir
Queda fuera y se convertirá en mancha de blanco y negro contrario a los acordes del primer soplo.

Evasion de Julien

Para un paso, otro. Para un acorde, otro.

Una calle. Otra.
Lo breve se hace en el oído con la cadencia

Surge, muere, queda en las columnas.

No hay evasión de este primer soplo dado en el paso.

Mientras oye
La ciudad en que no se está es
Y esta noche que mata el blanco y negro.

No hay ciudad para dar abrigo y el escucha es sordo.

La ruina hace sitio y se expande. Parte de ella ocupa la carne
y en ella hace Hueco.

Su fuerza está a un paso, otro, un acorde, otro, una calle, otra.

Lo blanco y después lo negro en el blanco y negro del primer
soplo
Se sostiene cuando lo breve está presente.
La brevedad de sonido como de columnas para roer.

Tanto en lo blanco como en lo negro
Sujeto a la imagen que ve con el acorde.

Miles sopla la trompeta y declara un punto. Base para una
ruina de ciudad donde no se cabe.

Y un oído camina con la nota suelta por la calle
Y otra ciudad le engaña en lo obvio.

JULIÁN DANS L'ASCENSEUR

Se salió del disco a la calle
Se giró

Se estuvo afuera
Fue un ascensor que ni sube ni baja
Tieso en su blanco y negro
Tieso en los mismos acordes.

Se salió a la calle
Y el disco gira aun
Se entró en el disco pensando la calle
Se sale del disco
Se sale de la calle
Se para el giro
Y se detiene.

Sin giro se apaga el sonido.

Cinco

Una sola cara, un solo lado para escuchar y girar
Un CD en la mano.

Tener una sola cara en la mano
No hay lado A
No hay lado B
Todo el sonido en uno
Sin scratch
Ni agua ni cepillo para limpiar.

Este viejo disco de dos caras es el desuso
Esta multiplicidad perdida
Ahora una sola
Todo comprende uno
Uno basta para ser suficiente.

La única cara en la mano
Un solo lado
Donde no se ven surcos
Ni la línea donde acordes se guardan
Ni la línea donde entra el pelo del cepillo
No hay plano ni rasgos.

El viejo disco de dos caras
Enorme
Demasiado espacio a ocupar
Polvo a guardar en sus dos caras
En su plana carátula.

Esa cara doble ahora una sola
Pequeña
Todo se aprieta en uno
En un CD en la mano
No hay dos caras
Ni es el surco ni lo rasgado ni el scratch
Uno solo basta.

Acordes

I.

Salen bajo la puerta
Acordes breves y secos
El otro lado sin luz con un sonido mecánico que gira
Acordes breves y secos
Por una rendija.

Una figura al piano deja caer cada dedo
Desafina y se sacude.

Mal piano
No ve y sabe donde está
Si camina no tropieza
Y lo hace con cada dedo
Lento.

Se equivoca por placer.

II.

Un piano
Cada tecla el fantasma de una nota
El apoyo de noche
Sin sonido
Sin letra
Recorrer la habitación girando sin caer
Vencer la ceguera.

Brota un punto
Que dice
Que entra
Corrige errores
Se adelanta a la tecla.

Se calla
La palabra pierde la nota.

III.

Sobre el piano
Levantarse y buscar
Perder el sonido
En el provocado mal acorde.

No hay fuerza en la cabeza
No hay el nuevo sonido
La nueva mirada.

Alrededor todo visto
De adentro hacia fuera
Todo visto
El cuerpo en la nota dispersa.

IV.

El cuerpo de la maquina guía
Dentro de la cara gestos
Un teclado guía.

Las manos van de un lado a otro
Golpe

Manos que buscan en la nota
El lugar de la letra.

V.

No afuera
Solo de la puerta hacia adentro.

La cabeza y el cuerpo
Han dejado de ser carne
Ahora madera y cuerdas tensas
Mal tensadas.

El sonido en el dedo
Donde cada acorde se pierde.

VI.

La puerta cerrada
El cuerpo deja de golpear
Sale a la calle y hace gestos
Repasa cada nota con cada palabra.

Su mano cerrada
No lleva el peso del piano
No acaricia teclas
Para encontrar la nota mal puesta
En el sonido que gira.

Cara B

Uno

En el disco se guarda el sonido
De lo plástico a la música
De lo que se toca
A lo intocado.

En un cuerpo se está
Son las tripas las que escuchan
No lo intocado
Sin tripas no hay oído
Y se olvida.

Tripa en el aire
Lo que se oye
Sale del plástico, la tripa del sonido
Que le guarda como un órgano.

Este disco que suena
Se ignora en eso grotesco
Para quedar en el aire.
El plástico queda
Y no hay tripa en la música.

Gato negro

Torcido
Se arrastra y mira al suelo
Torcido
Salta grietas y charcos
Torcido
No se acerca
Se queda atrás   Al suelo
Se sienta   Pasa   Escucha
Hablan   Miran
Un rumor   Un olor
Rojos   Verdes se levantan.

Torcido
Ojos rojos   Ojos verdes
Al suelo se levantan
Lo rojo   Lo verde
Al suelo
Gato torcido
Evita la rueda que cruza
Su rumor deforme.

Torcido
Se apoya
Para subir la acera se apoya
Rumor
Rumor
No puede subir

Rumor
No puede subir
Gato   Rueda   Gato
No cruza
Torcido
En medio de la calle
Torcido
Rumor
Se retuerce
Partido en dos
Gato negro
Torcido a rumor.

Salta como puede
Con una pata puede
No
Arquea el cuerpo
No puede
La rueda
Gato
Gato negro
A la mitad
Torcido
Ojo rojo   Ojo verde
Ni rojo ni verde
No distingue.

Otro rumor
Partido
La única pata se alza
Vuelve otra vez
Mira

No camina
La calle
Solo un gato negro
Rueda
El rumor
Esperar el último
Ni rojo ni verde
No en esta calle
No en este gato
Partido y aun junto
Al borde del contén
A un lado
Atrás
Gato
Torcido.

Dos

Los surcos de los discos
Las vueltas
Cuando está en marcha el mecanismo es todo giro
Vuelta seca.

Hay surcos en la cara
Vueltas
Cuando la cara mira a un lado u otro todo se vuelve giro
Vuelta seca.

Se ve el camino que debe abrir la aguja
La delgada línea que parece redonda
Que se sigue con el ojo
Vuelta seca.

El sonido en los surcos se repite
Un principio y un fin en disco
El surco comienza y acaba
Línea delgada en la cara.

Allí entre surco y sonido la cara
Para no cambiar ningún acorde.
Por un lado y otro
Vuelta seca.

Tripa y sonido

De lo plástico a la música
Lo que se toca y no.

En el cuerpo las tripas suenan
Sin tripas no hay sonido.

En el aire lo que se oye
El plástico es la tripa.

Guarda el sonido el surco
Y el disco suena su tripa.

Queda el plástico negro
Tripa de música.

Tres

Estos son nombres extraños
Olvidados con el desuso.

Se borró el aparato con el cuerpo gastado del músico.

El viejo disco sin vueltas
Si no hay vueltas no hay surco.

El surco, el sonido y el Scratch quedan mudos. El polvo los
cubre. El surco queda inundado de polvo, pegajoso.

Este rostro. Este nombre. Silenciado con su sonido.

Extraño nombre. Extraño cuerpo. Gastados en el desuso de
un surco con polvo.

El músico sonríe en la carátula del disco. Sonrisa gris.
Suena, aun suena su voz. Y el cuerpo no se salva.

Lugar y cuerpo, una cama vacía

1. Claridad. El lugar es claro de día. Ventanas muy largas de dos hojas y seis cristales opacos colocados encima de ellas dejan pasar la luz. Desde las primeras horas de la mañana varios cuerpos se mueven de aquí para allá, saliendo de sus camas, yendo al baño o para ir a ver el amanecer.

2. Permanezco en cama acostado, despierto. El dolor no termina y pienso que no está allí solo para recibir un pinchazo más. Se aguanta. Todos lo hacen a su modo. Cuando tengo deseos de orinar me levanto y me arrastro al baño. Caminar no alivia pero al menos son dos cosas de que ocuparse: del dolor y del camino.

3. Hay tres camas por cubículo. Un viejo que toda la noche pelea por tratar de irse y un negro, muy fuerte, son mis compañeros. Visiblemente soy el que más dolor padece pero el más sano. No sé sus nombres. Eso aquí no importa. No hablamos mucho además. El viejo no habla con nadie y el negro es mucho más activo. Es simpático y algunas veces sonrío con sus cosas en medio del dolor. No soy su preferido y sale siempre del cubículo a hablar con otros. Quedamos muchas veces solos el viejo y yo.

4. Cada cubículo tiene unos cinco metros por tres, con dos ventanales de persianas tipo Miami por las que no entra casi aire. Tres camas con sus pequeños estantes al lado para poner las cosas de cada uno. Todo oxidado y descolorido. Una vari-

lla larga de dos metros se pone al lado de cada cama y de ella cuelgan los sueros que entran en los cuerpos para matar el mal. El piso es de granito, mugriento, con pequeñas costras. Cada cama tiene también un sillón, sucio igual, muy viejo.

5. Un muro que nace de las paredes rodea los cubículos. Tiene algo más de un metro de alto. Deja una pequeña abertura, que da al pasillo, de dos metros para entrar y salir. Animales en un corral. La pintura del muro se ha descolorido. Parece haber sido verde. La cama, el estante y los sillones también.

6. Seis cubículos en esta sala. Tres a cada lado del pasillo con su pequeño muro levantado. Estoy en el último a la derecha según se entra. Al final del pasillo está el baño. Entre los últimos cubículos y el baño hay dos pequeños cuartos a cada lado, uno para guardar las cosas de los empleados de limpieza, el otro con una cama. Este último siempre está vacío. La cercanía al baño no sería cómoda. A veces me gustaría estar solo allí.

7. El puntal es alto. Cuelgan de él tres lámparas de luz fría que alumbran toda la sala. Se encienden a las seis de la tarde y se apagan a las diez y media de la noche. Pero casi siempre se encienden dos o tres veces durante la madrugada por alguien que hay que ver. El baño nunca se apaga. Su luz atraviesa de noche todo el pasillo.

8. Demasiada suciedad. No solo el piso, paredes, ventanas y camas están sucias. Nosotros también. Hay algunos aquí que no han salido en semanas. Esos usan el pijama que dan. Diseño cercano al usado en los campos de concentración, a rayas blancas casi grises y grises casi negras. Se suda mucho en

ellos. Hay un fuerte olor entre medicina, líquido de limpieza, desinfectante y sudor. Lo blanco no existe.

9. Todos los días se hace lo mismo. Uno se levanta, se va corriendo al baño o hace que está organizando algo su cama. Se sienta un rato en el sillón y habla un poco con el de al lado. O bien se puede uno quedar un rato más dormido bajo la sábana. O se queda simplemente acostado pensando en cualquier cosa. Nada más que hacer.

10. A las ocho de la mañana dan un vaso de leche. No lo cojo. A esa misma hora entran en la sala todos los vendedores: de pasteles, de helado, de café, de pan, y lo que yo compro casi siempre: el periódico. Otros compran el periódico y algo de comer, así se lee y se come. El dolor del mal se va a otro lugar y uno puede estar tranquilo por unos segundos sintiendo que aun está allí el mundo de afuera.

11. A las 12 del mediodía traen el almuerzo. Arroz, chícharos, dos boniatos o dos plátanos hervidos, y un huevo duro o un poco de picadillo. Pueden cambiar solo los boniatos por los plátanos y el huevo hervido por el picadillo. Nada más. La mayoría come. Yo no cojo esto tampoco. El negro coge mi comida y se come el picadillo o el huevo, los plátanos o los boniatos. Me agradece. A mi me traen comida de afuera.

12. A las seis de la tarde la comida. La mía siempre con el negro. Pienso que me gusta el color que tienen los chícharos, cierto amarillo anaranjado. La forma, consistencia y olor me dan asco. Imposible comer así. Además, está demasiado cerca el ambiente de los baños. Puedo aguantar esto y esperar que me traigan la mía. Un lujo.

13. El negro salta cada noche por entre las persianas de la ventana que está al lado de su cama. Cada noche a eso de las nueve. Regresa a eso de las cinco de la mañana. Se queda dormido hasta casi el mediodía cuando coge mi almuerzo y el suyo. Tendrá unos cuarenta y cinco años. Tres hijos. Deja afuera, en la calle, muy cerca de su ventana, su auto. De vez en cuando lo mira a través de las persianas. Se pasa toda la noche alquilando. Desde La Habana Vieja a Playa. La última noche hizo 650 pesos. Es muy probable que tenga cáncer.

14. El viejo puede lo mismo pasarse un día dormido completo, que acostándose y levantándose cada cinco minutos. Una isquemia. Todos están muy sorprendidos, está muy bien. No recuerda nada y también se puede pasar todo el día entre comer, ir al baño, no decir una palabra, hablar mucho, maldecir a sus hijos y nietos por horas, o bien recoger sus cosas para irse. Tiene setenta y dos años pero parece tener mucho más. No tiene conciencia ni de lugar ni de cuerpo.

15. El negro come la comida del hospital. El viejo nunca. Estoy más cerca de este viejo que de la energía del negro. Solo cuando el negro mira por la ventana en silencio, supuestamente a su carro, veo cierta nostalgia y miedo en sus ojos.

16. El baño es pequeño. Cuatro metros cuadrados. A la izquierda dos duchas, a la derecha dos inodoros. Aunque el agua de las duchas es fría no es lo peor. Exactamente debajo de las duchas hay un muro azulejado para que los viejos y los más débiles se sienten. Nadie lo hace. Está lleno de esa cierta costra mugrosa de años. Parecería una pasta si se le pasara el dedo. Trato de no mirarla. Los inodoros pueden ser sorprendentes según vayas al baño: Blancos con su agua

transparente o llenos de mierda hasta el tope, bordes inclui-
dos. Todo alrededor suele siempre estar a la altura del lugar:
papeles usados con trozos de mierda.

17. Noche. Demasiado silencio. A veces se pueden oír ciertas
voces en sus conversaciones, unos susurros que vienen de
todos lados de la sala. Otras veces algunos conversan tan alto
que se oye un sshhh… que termina con la conversación. Casi
siempre a las once y media ya todo es silencio. Es imposible
dormir.

18. Uno no se puede despertar de modo tal que abra los ojos
y ya esté el día. Uno aquí siempre es testigo del amanecer a
través de las persianas. Ve aparecer la claridad de la mañana
de a poco. Aunque se cierren los ojos y se duerma un rato
más uno no se puede escapar de ese testimonio diario que le
pesa al cuerpo estropeado.

19. Uno se lleva bien con todos. Aunque uno puede estar
sin hablar con varios. No por enemistad sino por falta de
encuentro. Todos están dispuestos a hablarse. Le huyo a uno.
Un señor de unos sesenta y cinco años. Piel verde totalmente.
Ojos hinchados y llenos de un color amarillento a los que no
puedo mirar. Su mirada es caída, le cuesta levantar los ojos
y sostener la mirada de los demás. Le huyo con discreción.
Pero duele esa mezquindad. Él no me ha visto nunca. Me
escondo siempre. Está mal.

20. Casi no hablo. Todos se hablan y se cuentan. Amistades
de días. Aliados contra el mal. Pero no puedo sostener nada
más que mi mal, hablar del mal con otros es relajar ese peso
y ponérselo al otro encima. Todos hablan de su mal, de su

signo. Eso da fuerzas que se toman del que oye. Yo acumulo el dolor de cada palabra dentro de mi propio mal. Un cuerpo con un mal es suficiente. Trato de no oír nada. De no mirar nada. Es imposible.

21. Si se está por más de dos días aquí se entra en otra vida. Otra dinámica ajena a la de afuera, otras reglas. Mucho más sencillas. Más terribles. Lo de afuera aquí no tiene lugar. Aquí, los que viven mejor pierden el ego y sienten por estos momentos que el mal entierra todo valor humano para equiparar a todos en lo más evidente: un cuerpo raso.

22. Luego de cubrir el inodoro con papel y de sentarme no puedo hacer nada. No. Es todo. La vista y la peste, el fuerte olor a medicina y desinfectante, las huellas de mierda por el piso y las paredes, huellas de muerte que construyo en mi cabeza llena de mal, la entrada de alguien y el temor de que sea el señor verduzco. Demasiado. No. Así no. Luego de tratar por mucho rato es suficiente. Aguanto.

23. Un solo momento de tranquilidad: el baño. Toda la poceta es costra. Huellas. A veces trozos de mierda aquí también. El chorro de la ducha es fuerte y el agua choca contra el cuerpo debilitado. Limpia todo en el punto donde cae. La poceta es estrecha y la ducha bajita. Cierras los ojos y sientes el mal ahí, callado por esos minutos. Te bañas. Sabes que esto es solo un momento. Todo lo sucio volverá a ti en cuanto salgas. Pero no estás allí por esos segundos. No hay prisa.

24. Esto siempre está aquí, esta vida. Pero nadie es fijo. Se rota. La humanidad pasa, se sustituyen los cuerpos y cada uno tiene su turno, la cama dura espera en calma. Todo el

orden humano de afuera queda abolido en cuanto pasas por el pasillo y te sientas en tu cama, mirando alrededor. No importa si vas caminando o llevado en camilla. Aquí se te debe extirpar de un mal. Si sales (porque el negro me ha dicho que la semana pasada han salido tres no precisamente a la calle) otro mal se te habrá quitado.

25. Cuando te vas vienen a despedirte. Te ven recogiendo y vienen. Te empiezas a vestir como los de afuera. Se alegran casi más que tu. Nunca se sabe si es porque eso es signo de que estás mejor de tu mal o porque simplemente te vas. Pero bajo sus miradas se ve algo más: el pesar de otra cama que quedará vacía y que otro mal vendrá. Sustitución. Las camas acogen los desechos, cualquier dolor, no es un alivio verlas vacías. Otro mal caerá por la sala. Habrá que comenzar de nuevo otro conocimiento. Se tenderá a lo largo de la cama. Terribles, miran fijamente mientras te vas ese lugar sin cuerpo: una cama vacía.

Cuatro

Estas carátulas son un viejo rostro.

Cuadros de una exposición
Todos sobre la cama
Acostados
Vivos mientras se oyen y ruedan bajo la aguja.
Sus cuerpos empolvados
Sus oídos deshechos
Cuando se detiene la aguja.

Cuadros de una exposición
Sueltos sobre la cama
Descansan
La cama es una tumba
La foto de la carátula es la lápida
El disco lleno de polvo los restos.

Quitar el polvo al disco
Quitar el polvo al cuerpo
Oírlos
Carátulas sobre la cama.

Lo que cuelga

Pasar bajo el lugar que cae. Pasar una y otra vez con la piedra sobre la cabeza. Pasar para allá, pasar para acá, y mientras lo que cae se viene abajo uno que no es vuelve a pasar.

Para allá, para acá.

Cae.
Toca el piso la piedra con la carne. Todo se mezcla. Sobresale el polvo que sube no la carne. Cada piedra que cae se convierte en polvo, cada pierna que se quedó arriba y cayó se perdió en el escombro.

Llega tarde.
No pasaba por debajo de lo que caía y puede ver, narrar.
Su pierna pisa la acera y mira al bulto de piedras que ocupan la calle. Allí, en ese bulto de piedras estuvo la pierna que se quedó sin piso, cayó y no pisará más.

Desde la altura la fachada ha sido tirada abajo luego.
Solo queda un falso piso que no sostiene ningún paso. Un piso que lleva al aire en cuyo borde están los que pisaron alguna vez lo firme.

Allí está la cocina, la mesita aun tendida al borde, los platos en la meseta o puestos en la mesita, los cucharones colgados de la pared, los jarros. Todo intacto. Colgando. Tieso. Al aire. Sin pared.

Cinco

Limpiar los discos. Agua. Detergente. Cepillo.
Cepillo de dientes con pelos finos que entran en los surcos
y sacan el polvo.

Pelos que tocan la música grabada en la tripa del disco. Contacto sordo con el sonido, el de la aguja con el disco no.
Este contacto deja muerto el roce que debería salir de la música.

El disco es violado. De la boca al disco. Pelos de cepillo que
van de boca a un surco.

Penetrar en lo profundo de la boca y el disco
Sin sonido.

Queda la limpieza del polvo entre el diente y el surco.

Con la misma mano

Se obliga a salir en la mañana.
Barthes en el bolso. La libreta de apuntes en el bolso. *El discurso amoroso* en el bolso.

La calle, el sol, la brisa, el calor, la gente.
Avanza por la avenida G bajo los jagüeyes, su sombra, la luz del sol que atraviesa desde las altas ramas hasta que cae en la calle como manchas.

Avanza.
Entre los espacios que dejan los gruesos troncos que se aprietan en la base de los jagüeyes ve a un tipo negro vestido de blanco, luminoso, que se masturba.

Avanza.
Más arriba viene bajando otro tipo. Trae un cigarrillo apagado en la mano.
Sale el tipo vestido de blanco. Camina hacia arriba, en la misma dirección mía, contraria al que baja cigarro en mano.

Avanza.
Se van a encontrar. Se encuentran. El del cigarrillo dice algo.
El vestido de blanco saca una fosforera del bolsillo de su pantalón, con la misma mano.
Espera.

Avanza.

El otro prende su cigarrillo. Gracias. El otro, con la misma mano, toma la fosforera y la guarda, le toca el hombro al otro. De nada.
Con la misma mano.

Barthes en el bolso. La libreta de apuntes en el bolso. *El discurso amoroso* en el bolso.

Seis

Limpiar los discos.
Agua. Espuma. Cepillo con esos pelos finos que entran en
los surcos y sacan el polvo.

Limpiar el cuerpo.
No hay cepillo que entre en el poro y saque lo enfermo.

Los pelos tocan la música grabada dentro, en el cuerpo del
disco.
Oscuro contacto que no es el de la aguja. Este contacto deja
muerto el roce que debería hacer el sonido.

El cuerpo calla los órganos dentro. Un disco con surcos pero
silencioso el cuerpo.

Disco violado que se deja penetrar en lo más profundo de
su cuerpo.
Cuerpo violado en la cabeza por el sonido del disco.

Queda la limpieza del polvo en el sonido.

Para sostenerse

A este ladrillo en el cuerpo hay que pulirlo
Este ladrillo brilla
Y sale de él un ojo que ve.

Este está en un sitio, en una plaza
Cuelga sobre la cabeza de un policía que da palos
Este ladrillo es un ladrillo duro con un ojo
Y hay que pulirlo.

Este ladrillo no ve y se le talla
Tiene la forma de la cabeza de alguien
Al lado de esa cabeza otro
Y otro… y otro más… juntos…
Y el ladrillo brilla de pulirlo.

El pulir del disco es el pulir de este ladrillo oculto en algún
órgano del cuerpo.
Esto estaba en su sitio.

Un nuevo balcón contra el ladrillo
En una puerta cerrada
Dentro el blanco de su ojo
Y la cabeza del policía que reparte palos
Se fue abajo con el ladrillo
Un ladrillo que brilla y que se pela y se pule
Y deja su cáscara en la acera.

Pelamos el cuerpo ladrillo a ladrillo
Para dejar lo que estaba en su sitio.

A pesar de haber pelado este
Se deja al aire una cocina
(La espumadera cuelga de la pared
Las cucharas se mecen en sus clavos
Los platos se escurren).

Así se pela su ojo hasta sacar brillo
Y la gente que recoge y se va
Deja al policía repartir palos sobre cabezas nuevas
Pero adonde vayan
Habrá palos
Y policía
Es el modo de pelar y pulir ladrillos.

Con un disco que gira y una aguja clavada
Todos pelan el ladrillo para dejar la cuchara colgando
Y esto está en su sitio.

Los platos se escurren en el aire
Al borde se fue un balcón
Se fue con los que se fueron
El balcón cayó en la acera
Y no le aplastó la cabeza al policía que da palos
Se revolcó con los que estaban en el balcón
Y así paga el ladrillo pulido
Cae encima y aplasta.

La comida se ve desde afuera
Allí se ve la mesa servida

El mantelito blanco puesto
Los jarros al lado de las espumaderas
Esperan que venga el ladrillo.

El brazo se estira y cae sobre el disco.

Viene una grúa y arranca una pared
De un zarpazo en la calle
Rueda el jarrito hasta los pies de alguien
Alguien que está pelando su propio ladrillo
Da una patada al jarrito
(El policía da palos en las cabezas)
Lanza el jarrito por los aires hasta los escombros.

La boca que se pegaba a este jarrito se fue
Con el balcón se fue
Y ahora tiene otro policía en una esquina
Con otro ladrillo que pelar y pulir en las manos
Y el jarrito terminó el castigo de ser colgado de una pared.

Y esto estaba en su sitio
Gira en el mismo punto el disco.

Este edificio cayó al suelo y fue pulido
El ladrillo no era
El que ponía la boca en el jarrito no era
Ese jarrito recibió una patada equivalente al palo policial
Ese, boca en jarrito, cambió de ladrillo
Y son ahora ras de polvo
El viento fluye donde antes combatía una pared.

Esto es ahora un hueco lleno de polvo

Ruina de ladrillos pulidos en el ojo
Todo para pulir ladrillos
Jarritos para nuevas bocas
Clavos en una pared.

Atravesar un ladrillo para sostener un jarrito
Una espumadera.

Siete

Reconstruir el cuerpo como se ha hecho con estos sonidos
por una aguja. Esa rotación dice una voz que el tocadiscos
ha hecho reaparecer.

El cuerpo sin voz produce olores.

Salir fuera del círculo del cuerpo
Rotar fuera del margen que debe recorrer la aguja.

El cuerpo sin voz produce espasmos.

Reconstruir el disco, el cuerpo del sonido
Dejar detrás el círculo que le narra
Y salir.

Atención al intelectual

Ante una puerta un cartelito: *Atención al intelectual.*
Detrás de la puerta están los que atienden al intelectual. Casi se pueden imaginar los rostros detrás de la mesa, detrás de la computadora. Todo sobra. El cartelito pegado a la puerta. El que se detiene ante la puerta y es. El que se detiene ante la puerta y no es. Los que están detrás de la puerta y son. Los que están detrás de la puerta y no son. Da lo mismo. Hay un intelectual que atender.

¿Qué quiere? Que le toquen el tambor.

Pánico.

Negado ante esa puerta, ante el cartelito, negado a entrar ahí. Ni de un lado ni del otro. Negado. Atención de intelectual. Y una vez detenido ante esa puerta, mirando frente a frente al cartelito, una vez que los nudillos golpeen bajo el cartelito que dice *Atención al intelectual,* queda uno definido como tal. Los de adentro, cuando escuchen el toque, pensarán: Un intelectual.

¿Qué papel hay que traer? ¿Qué firma?

Algún papel hay que hacer. Negado. Alguna firma. Negada. No tocar ninguna puerta. Yo mismo me tocaré el tambor. Virgilio tocó en algún momento esta puerta. No. Tocó a la puerta del tambor mayor, le habló al tambor mayor. Y el tambor mayor no solo le tocó el tambor a Virgilio por haber tocado a la puerta de *Atención al intelectual,* sino que además le habló del tambor mayor.

Y este no es mi humor, es el de Virgilio. Y ni siquiera es el de Virgilio, es el de Lorenzo.

Vaya pánico. Ni quiero preguntar nada. Las puertas oyen. Sobre todo con tamaños cartelitos.

Pánico. Negado. La puerta. El cartelito.

Solo vengo a buscar el libro de Virgilio. Lo agarro y me voy. Lleno de pánico. La puerta se puede abrir, el cartelito me mira, los rostros del otro lado, Virgilio, el tambor, el tambor mayor y hasta Lorenzo.

Pero no es lo mismo. Me llevo el libro. Y a Virgilio le tocó el tambor el tambor mayor. Y eso marca diferencia ante esta puerta.

Ocho

Coger el disco
Limpiarlo
Pasarle el trapito para quitar el polvo
Arrancar el mecanismo que gira
Poner el disco que escapa de la mano atrapado por el giro
Quitar la traba de la aguja
Poner el brazo en el disco
El Scratch
La primera nota de un violonchelo
Los brazos que giran de una enferma
Los dedos que percuten
El arco que se mueve atrás
Adelante
Y pensar en el eco en ese instrumento
En otras manos
Donde este sonido ya no está.

El mismo violonchelo, diferente sonido

I.

Hay un instrumento
Hay una partitura.

Del mismo instrumento dos sonidos
De la misma partitura dos sonidos.

En este violonchelo tocaba Jacqueline Du Pre
El mismo con el que ahora toca Yo-Yo Ma.

Hermoso que el cello con que tocó Jacqueline Du Pre
Sea el mismo con el que hoy toca Yo-Yo Ma.

Stradivarius Davidov 1712
Concierto de Edgar.

Du Pre no pudo pasar todo a Yo-Yo Ma
No su lectura del Concierto de Edgar.

El vacío dentro de ese instrumento
Olor a madera de 1712 que guarda un sonido.

II.

Las Variaciones Goldberg
No las mismas en Glenn Gould que en Keith Jarrett.

Paco de Lucía toca el *Concierto de Aranjuez*
Y no se puede escuchar otro que no le recuerde.

Pero aquí tenemos al mismo instrumento
El mismo violonchelo ofrece un sonido diferente.

El instrumento contiene el eco de Du Pre
¿Lo sentirá Yo-Yo Ma?

III.

Du Pre toca el Concierto de Edgar
Se caminan estas calles al sol
Estas calles y Du Pre
Unir todo y es la distancia.

El mismo instrumento
Diferentes notas.

Es el Concierto de Edgar
Aquí Jacqueline Du Pre
Allá Yo-Yo Ma.

¿Por qué las mismas notas, el mismo violonchelo y esta distancia?
Es esta calle y el Concierto de Edgar
Y una cabeza que gira en un tocadiscos.

Du Pre se arrastra en este sol
Entra por los pies hasta la cabeza
Levanta en peso.

El sonido da el arrastre
Por esa lentitud gira y se arrastra por las calles.

IV.

Ha escuchado varios *Conciertos de Aranjuez*
Siempre la maldita persecución de Paco.

Se levanta en peso.

Paco de Lucía y Jacqueline Du Pre
Destructores de estos conciertos.

V.

Esto no ocurre en la palabra
Esa palabra que se tira a esta acera, sobre el sol.

No hay intérpretes para esta lengua
No hay forma de agarrar lo escrito y lo dicho
Cambiar su tiempo
Su palabra
Ni hacer que se arrastre la lentitud
Y entre por los pies hasta la cabeza.

Las palabras, una vez dichas, se entierran en su cárcel.

El sonido vuela de un tiempo en otro
Cambia, salta y suma notas.

Una nueva palabra a Celan se cae Celan
Y no entra por los pies hasta la cabeza. Este sol.

Si se quita sigue igual.

VI.

No se es músico.

No se ejecuta nada salvo unas claves, un timbal
Y el paso que marcha en la calle al sol.

El calor humedece el oído que escucha un violonchelo
El mismo que de noche la trompeta.

Avanzar en esta calle con un violonchelo
Sudar el oído bajo el sol.

VII.

Jacqueline Du Pre. Luego Yo-Yo Ma.
En la ejecución del chino hay más notas
Más lentitud
Más espacios vacíos
Más rapidez en otros momentos.

El chino diferente de la inglesa
Lejos de este sol y de esta calle
Y de este oído que suda.

Y algo más.
En algún punto ella y sus depresiones
Ella y sus comportamientos suicidas.
¿De ahí su dolor al interpretar el Concierto de Edgar?
¿De ahí ese girar del tocadiscos cercano a la muerte?

Pero anda la calle al sol y suda

Un pensamiento en un sonido
Y se niega a seguir por esa calle.

¿Será el sonido del violonchelo un paliativo del deseo de
muerte?
¿Acaso es la muerte la diferencia entre la interpretación de la
inglesa y la del chino?

En esta calle al sol no hay diferencias
Es solo un oído que escucha lleno de sudor.

VIII.

Stradivarius Davidov 1712
Concierto de Edgar
Las manos de Jacqueline Du Pre.

La ejecución de Yo-Yo Ma es perfecta
Tal vez más perfecta que la de Du Pre
Los pasos en esta calle no permiten lujos
El sol arriba hace caer una gota de sudor en el oído.

El concierto de Du Pre más que de Edgar
Ese concierto es de ella
Este sol de esta calle
Así la oreja que suda con un Stradivarius.

El paso escuchando un violonchelo
Una trompeta
Todo
Oído
Sudor
Stradivarius

Du Pre
Fuera de lugar.

IX.

En la música uno puede agenciarse una obra que no ha creado
Un lenguaje sin palabras puede llegar ahí.

Las palabras tienen una forma concreta
Como esta calle
No se puede cambiar la palabra de esta calle
Ni evitar su ritmo y su sintaxis llena de sol.

Se evade en una guitarra
Un violonchelo o una trompeta
Pero la calle y el sol
Son palabras dichas que no se pueden cambiar
Ni con este concierto de Edgar
Ni con Jacqueline Du Pre.

Traducir un lenguaje que sigue siendo incompleto.

Traducir de una lengua a otra
Interpretar a un escritor
Dar una «versión» diferente de su grito
Con un Stradivarius
Con una nueva nota.

Aun así no se alcanza
Aun así el sol está ahí
Y la oreja suda.

X.

Decir Jacqueline Du Pre como traductora de Edgar
Decir que este sol nada traduce.

¿La muerte ayuda?

Una acera llena de sol
Una oreja escucha sudando.

XI.

¿Y el instrumento?
¿Es la calidad del Stradivarius Davidov 1712?

Concierto de Edgar
Intercambiar
Difícil decir si es Edgar o es Du Pre.

El compositor encontró el intérprete ideal
El más peligroso.

La niña de cuatro años conoció el violonchelo
No volvió a separarse de él hasta que muere.

Encuentros
La niña con el instrumento
Y con el Concierto de Edgar.

Encuentros
«Depresiones y comportamientos suicidas»
Encuentros
La ejecución de un concierto
La gota de sudar en el oído.

XII.

El encuentro con la muerte
Se acerca Edgar con Jacqueline
El Concierto como una sombra.

¿Qué sintió Du Pre con la persecución?
¿Llegó a odiar su interpretación?

Encerrada y convertida en ese concierto
Igual que el paso, la calle, el sol y el sudor.

El tocadiscos gira y gira
El ojo sigue fijo en la aguja.

XIII.

Sospechar del dolor
La depresión y los comportamientos suicidas
Llegar a Edgar por la muerte.

En el mayor dolor no pudo tocar
La enfermedad
No permite tocar el instrumento.

La ejecución única de mano de la enfermedad
Juntos el don y la enfermedad.

Más dolor más silencio
Resistir y no jugar al suicida
Antes sí
Ahora no.

XIV.

Du Pre cambió de parecer
En el cajón de su Stradivarius
En la enfermedad
Cambió de parecer.

No están estas calles ante la mano Du Pre
Convertirlas en un disco que gira
El oído escucha el Stradivarius Davidov 1712
Las manos que aun tocan
El disco que aun gira
El suelo al sol de esta calle
El oído sudando
Sí antes
No después
Cuando no iba a morir en serio.

El encuentro con el Edgar muerto
El encuentro con su concierto
Entre los vivos encuentros
No antes
Sí después
Cuando iba a morir en serio.

La compañía
La resistencia contra su violonchelo
El paso contra el contén
El sol machacando el oído con sudor.

Islas donde se refugia un sonido
Esa mano abajo
Esa otra arriba

Un arco y unos dedos percutidos
Y los pasos donde el calor se pega.

Todo se pega
Todo el sudor cae en el oído
Y la música fue posible junto con ese sudor.

Ese espacio de «encuentro»
Este espacio de «desencuentro»
Donde Yo-Yo Ma vino después
Donde Du Pre antes
Donde hay un violonchelo
Stradivarius Davidov 1712
Un sol
Y el sonido guardado dentro
Y el Concierto de Edgar
Y Jacqueline Du Pre
Y un oído fijo en el sonido
Y esta calle con este sol
Y el paso
Y un violonchelo
Y Edgar
Desde Jacqueline Du Pre
A Yo-Yo Ma
Y relacionarlo todo para llegar a la gota de sudor en el oído
Para saber cómo un mismo instrumento no suena igual
Por unas manos
O una mirada
Y un hueco ante uno
Ese que está en la acera
Donde se da un salto y se dejo atrás
Mientras el oído escucha con sudor

Y está el sol afuera
Y dentro nada
Y el Concierto de Edgar de Jacqueline Du Pre.

Se levanta el brazo

Avishai Cohen. Remembering

Ha sido retórico. Se ha vuelto a lo mismo en cada giro del tocadiscos, se adornó aquí y allá con algunas notas. Se creó un recuerdo encima de otro.

Ostinato.

Capas en que las notas suenan y avanzan siempre unas sobre otras. El ostinato es el apoyo de lo que suena. Todo se apoya en el ostinato.

Un piano repite y repite el mismo riff. Se agregan notas. Se quitan. Una y otra vez el mismo riff que agrega o quita. La base es la misma, el ostinato.

El disco gira y repite su scratch. Todos tienen scratch. El scratch es parte del sonido y es parte del recuerdo. Se adorna aquí y allá. El scratch también fue el piano y la trompeta y el violonchelo que repiten y repiten el mismo acorde.

La canción y el cuerpo repiten el mismo riff. La memoria repite lo pasado. El disco repite su scratch.

El solo del bajo es el adorno que se cuela entre un recuerdo y otro, uno lo inserta entre repetición y repetición. Es el adorno ostinato de un riff. Capas donde poner por bajo notas que avanzan y avanzan unas sobre otras.

Las capas, los adornos, clavados en el lomo del ostinato-riff, se mezclan clavados en el lomo de los puntos eléctricos del scratch-ostinato-riff, y el cuerpo ajeno a la música se mezcla con las notas.

Una y otra vez el riff. Ostinato. El disco aun gira en el plato. El brazo con su aguja sorda se levantó y ha quedado suspendido en el aire.

Ostinato.

Catálogo Bokeh

Abreu, Juan (2017): *El pájaro*. Leiden: Bokeh.

Aguilera, Carlos A. (2016): *Asia Menor*. Leiden: Bokeh.

— (2017): *Teoría del alma china*. Leiden: Bokeh.

Aguilera, Carlos A. & Morejón Arnaiz, Idalia (eds.) (2017): *Escenas del yo flotante. Cuba: escrituras autobiográficas*. Leiden: Bokeh.

Alabau, Magali (2017): *Ir y venir. Poesía reunida 1986-2016*. Leiden: Bokeh.

Alcides, Rafael (2016): *Nadie*. Leiden: Bokeh.

Andrade, Orlando (2015): *La diáspora (2984)*. Leiden: Bokeh.

Armand, Octavio (2016): *Concierto para delinquir*. Leiden: Bokeh.

— (2016): *Horizontes de juguete*. Leiden: Bokeh.

— (2016): *origami*. Leiden: Bokeh.

— (2018): *El lugar de la mancha*. Leiden: Bokeh.

— (2018): *Superficies*. Leiden: Bokeh.

Aroche, Rito Ramón (2016): *Límites de alcanía*. Leiden: Bokeh.

Blanco, María Elena (2016): *Botín. Antología personal 1986-2016*. Leiden: Bokeh.

Caballero, Atilio (2016): *Rosso lombardo*. Leiden: Bokeh.

— (2018): *Luz de gas*. Leiden: Bokeh.

Calderón, Damaris (2017): *Entresijo*. Leiden: Bokeh.

Columbié, Ena (2019): *Piedra*. Leiden: Bokeh.

Conte, Rafael & Capmany, José M. (2018): *Guerra de razas. Negros contra blancos en Cuba*. Leiden: Bokeh, colección Mal de archivo.

Díaz de Villegas, Néstor (2015): *Buscar la lengua. Poesía reunida 1975-2015*. Leiden: Bokeh.

— (2015): *Cubano, demasiado cubano. Escritos de transvaloración cultural*. Leiden: Bokeh.

— (2017): *Sabbat Gigante. Libro primero: Hojas de Rábano.* Leiden: Bokeh.

— (2018): *Sabbat Gigante. Libro segundo: Saigón.* Leiden: Bokeh.

— (2018): *Sabbat Gigante. Libro Tercero: Rumpite Libro.* Leiden: Bokeh.

DÍAZ MANTILLA, Daniel (2016): *El salvaje placer de explorar.* Leiden: Bokeh.

FERNÁNDEZ FE, Gerardo (2015): *La falacia.* Leiden: Bokeh.

— (2015): *Notas al total.* Leiden: Bokeh.

FERNÁNDEZ LARREA, Abel (2015): *Buenos días, Sarajevo.* Leiden: Bokeh.

— (2015): *El fin de la inocencia.* Leiden: Bokeh.

FERRER, Jorge (2016): *Minimal Bildung. Veintinueve escenas para una novela sobre la inercia y el olvido.* Leiden: Bokeh.

GALA, Marcial (2017): *Un extraño pájaro de ala azul.* Leiden: Bokeh.

GARBATZKY, Irina (2016): *Casa en el agua.* Leiden: Bokeh.

GARCÍA, Gelsys (2016): *La Revolución y sus perros.* Leiden: Bokeh.

GARCÍA, Gelsys (ed.) (2017): *Anuncia Freud a María. Cartografía bíblica del teatro cubano.* Leiden: Bokeh.

GARCÍA OBREGÓN, Omar (2018): *Fronteras: ¿el azar infinito?* Leiden: Bokeh.

GARRANDÉS, Alberto (2015): *Las nubes en el agua.* Leiden: Bokeh.

GUTIÉRREZ COTO, Amauri (2017): *A las puertas de Esmirna.* Leiden: Bokeh.

GÓMEZ CASTELLANO, Irene (2015): *Natación.* Leiden: Bokeh.

HARDING DAVIS, Richard (2018): *Notes of a War Correspondent.* Leiden: Bokeh, colección Mal de archivo.

HERNÁNDEZ BUSTO, Ernesto (2016): *La sombra en el espejo. Versiones japonesas.* Leiden: Bokeh.

— (2016): *Muda.* Leiden: Bokeh.

— (2017): *Inventario de saldos. Ensayos cubanos.* Leiden: Bokeh.

Hondal, Ramón (2019): *Scratch*. Leiden: Bokeh.

Hurtado, Orestes (2016): *El placer y el sereno*. Leiden: Bokeh.

Jesús, Pedro de (2017): *La vida apenas*. Leiden: Bokeh.

Kozer, José (2015): *Bajo este cien*. Leiden: Bokeh.

— (2015): *Principio de realidad*. Leiden: Bokeh.

Lage, Jorge Enrique (2015): *Vultureffect*. Leiden: Bokeh.

Lamar Schweyer, Alberto (2018): *Ensayos sobre poética y política. Edición y prólogo de Gerardo Muñoz*. Leiden: Bokeh, colección Mal de archivo.

Lukić, Neva (2018): *Endless Endings*. Leiden: Bokeh.

Marqués de Armas, Pedro (2015): *Óbitos*. Leiden: Bokeh.

Miranda, Michael H. (2017): *Asilo en Brazos Valley*. Leiden: Bokeh.

Morales, Osdany (2015): *El pasado es un pueblo solitario*. Leiden: Bokeh.

Morejón Arnaiz, Idalia (2018): *Una artista del hombre*. Leiden: Bokeh.

Méndez Alpízar, L. Santiago (2016): *Punto negro*. Leiden: Bokeh.

Padilla, Damián (2016): *Phana*. Leiden: Bokeh.

Pereira, Manuel (2015): *Insolación*. Leiden: Bokeh.

Ponte, Antonio José (2017): *Cuentos de todas partes del Imperio*. Leiden: Bokeh.

— (2018): *Contrabando de sombras*. Leiden: Bokeh.

Portela, Ena Lucía (2016): *El pájaro: pincel y tinta china*. Leiden: Bokeh.

— (2016): *La sombra del caminante*. Leiden: Bokeh.

Pérez Cino, Waldo (2015): *Aledaños de partida*. Leiden: Bokeh.

— (2015): *El amolador*. Leiden: Bokeh.

— (2015): *La isla y la tribu*. Leiden: Bokeh.

— (2018): *El puente sobre el río cuál*. Leiden: Bokeh.

Quintero Herencia, Juan Carlos (2016): *El cuerpo del milagro*. Leiden: Bokeh.

Rodríguez, Reina María (2016): *El piano*. Leiden: Bokeh.

— (2018): *Poemas de navidad*. Leiden: Bokeh.

Rodríguez Iglesias, Legna (2015): *Hilo + Hilo*. Leiden: Bokeh.

— (2015): *Las analfabetas*. Leiden: Bokeh.

Saunders, Rogelio (2016): *Crónica del decimotercero*. Leiden: Bokeh.

Starke, Úrsula (2016): *Prótesis. Escrituras 2007-2015*. Leiden: Bokeh.

Sánchez Mejías, Rolando (2016): *Mecánica celeste. Cálculo de lindes 1986-2015*. Leiden: Bokeh.

Timmer, Nanne (2018): *Logopedia*. Leiden: Bokeh.

Valdés Zamora, Armando (2017): *La siesta de los dioses*. Leiden: Bokeh.

Vega Serova, Anna Lidia (2018): *Anima fatua*. Leiden: Bokeh.

Villaverde, Fernando (2016): *La irresistible caída del muro de Berlín*. Leiden: Bokeh.

— (2016): *Los labios pintados de Diderot*. Leiden: Bokeh.

— (2018): *Todo empezó en detritus*. Leiden: Bokeh.

Winter, Enrique (2016): *Lengua de señas*. Leiden: Bokeh.

Wittner, Laura (2016): *Jueves, noche. Antología personal 1996-2016*. Leiden: Bokeh.

Zequeira, Rafael (2017): *El winchester de Durero*. Leiden: Bokeh.

www.ingramcontent.com/pod-product-compliance
Lightning Source LLC
Chambersburg PA
CBHW021509090426
42739CB00007B/536